Inhalt

Shareholder Value - Mit operationalisierbaren Vorgaben für die Erreichung der wertorientierten Unternehmensziele

Kernthesen

Beitrag

Fallbeispiele

Weiterführende Literatur

Impressum

Shareholder Value - Mit operationalisierbaren Vorgaben für die Erreichung der wertorientierten Unternehmensziele

M. Westphal

Kernthesen

- Das Aufkommen des Shareholder-Value-Ansatzes und der damit verbundenen wertorientierten Steuerungskennzahlen wie Economic Value Added (EVA) hat in vielen Unternehmen zu einem Umdenken bei der Ausrichtung der Geschäftsaktivitäten

geführt.
- Auch wenn viele Unternehmen sich der wertorientierten Führung verschrieben haben, mangelt es an geeigneten Instrumentarien, diese auch wirklich erfolgreich zu implementieren.
- Es genügt nicht, an der Unternehmensspitze wertorientierte Ziele zu verfolgen, diese müssen auch auf die einzelnen Unternehmensfunktionen operationalisierbar heruntergebrochen werden.

Beitrag

Viele Unternehmen haben sich der wertorientierten Führung ihrer Geschäftsaktivitäten verschrieben. Dabei mangelt es vielen aber am Einsatz geeigneter Strategie- und Kontrollmechanismen, um einen langfristigen Erfolg zu gewährleisten.

Wertorientierte Unternehmensführung

Die wertorientierte Unternehmensführung hat sich seit ihrem Aufkommen etwa Mitte der 80er Jahre zu einem der Dogmen der Unternehmensführung

entwickelt. Allerdings ist festzustellen, dass viele Unternehmen zwar wertorientierte Spitzenkennzahlen berechnen und auch extern kommunizieren, die Operationalisierung dieser ist häufig mangelhaft. Aber das Unternehmen kann erst dann wirklich wertorientiert gesteuert werden, wenn die Ziele und Stellhebel entsprechend für alle Mitarbeiter operationalisiert werden. Dann ist Wertschaffung möglich als ein Übererfüllen der markt- und risikoadäquat vorgegebenen Kapitalrentabilität. Dafür gibt es im Wesentlichen drei Stellhebel:
- Die Vermögenspositionen müssen auf ein betriebsnotwendiges Maß reduziert werden.
- Der Cash Flow oder auch Unternehmensgewinn muss erhöht werden.
- Fremd- und Eigenkapitalzinssätze müssen reduziert werden.
Das bisherige Problem ist, dass viele Fachartikel wie auch Untersuchungen nur einen der jeweiligen Stellhebel beleuchten. Zu einer wertorientierten Steuerung ist aber ein umfassender, alle drei Faktoren berücksichtigender Ansatz, nötig. (4)
Ein systematisches Wertmanagement berücksichtigt folgende Gesichtspunkte:
- Unternehmensimage
- Unternehmenskultur
- Internes Kontrollsystem
- Steuerungsgrößen

- Ressourcen-Allokation
- Anreizsysteme
- Value-Reporting

(6)

Der langfristige Unternehmenswert wird also nicht, oder nur bedingt, über den höchsten Automatisierungsgrad oder das radikalste Cost-Cutting-Programm, sondern vor allem auch über die Unternehmenskultur und das Wissen der Mitarbeiter bestimmt. Diese intangiblen Werte werden im Shareholder-Value-Ansatz nur bedingt monetär erfasst. (6)

Will ein Unternehmen langfristig seine Strategien an der Wertorientierung ausrichten, hat diese auch Einfluss auf die Steuerung und damit das Controlling einzelner Unternehmensfunktionen, von denen einige Auswirkungen im Folgenden exemplarisch dargestellt werden.

Unternehmerischen Wertzuwachs

Der Einkauf in Unternehmen hat sich in den vergangenen Jahren sehr deutlich professionalisiert, weg vom rein operativen Einkauf hin zu einem strategischen Einkauf. Allerdings mangelte es bisher daran, die Nachhaltigkeit der Einkaufserfolge darstellen zu können. Der Geschäftsführung fehlten Tools, die eine finanzorientierte Sichtweise auf die

Ergebnisse des Einkaufs und damit eine Darstellung in den Jahresabschlüssen ermöglichen. Dieser neue Betrachtungswinkel auf die Arbeit des Einkäufers kann darin münden, dass er sich zukünftig als strategisch cross-funktionaler Prozessmanager in der Unternehmenspraxis etabliert. (1)
Gerade der Einkauf wird in vielen Unternehmen trotz der schon sehr positiven Entwicklung die er gemacht hat, noch nicht wertorientiert und nachhaltig gemessen. Die Preisorientierung bei der Entscheidung für oder gegen Lieferanten muss verbesserten Entscheidungsgrundlagen weichen. Dazu sind die bestehenden Kalkulationsmethoden und Controllingsinstrumente zu erweitern. (3)
Es gilt die Zusammenhänge zwischen kurzfristiger Kostensenkung und Wertsteigerung zu beachten, um so die Beiträge des Einkaufs zur Steigerung des Unternehmenswertes zu berücksichtigen und ggf. aktiv zu steuern. Dafür ist es notwendig, folgende Faktoren zu berücksichtigen:
- Die Wertorientierung muss durch ein Einkaufsprogramm manifestiert werden.
- Strategische Pläne müssen konsequent und nachvollziehbar in operative Aktivitäten umgesetzt werden.
- Der Haupttreiber für die Steuerung des Einkaufs ist der Einkaufserfolg und nicht die Einsparung. Eine allgemeingültige Einkaufsstrategie ist nicht

ausreichend, die differenzierten Anforderungen der unterschiedlichen Einkaufsfelder zu berücksichtigen.
- Die Zielerreichung und Leistung muss ständig gemessen werden.
- Der Einkauf muss im gesamten Produktprozess frühzeitig eingebunden werden.
- Der Einkauf muss sich global orientieren, allerdings muss dieses Sourcing sich selektiv in Bezug auf Technology Sourcing und Low Cost Sourcing orientieren.
- Die Einkaufsorganisation muss der Strategie angepasst werden.
- Das Lieferantenmanagement muss der Wertorientierung folgen und darf nicht an reinen Einsparerfolgen ausgerichtet sein.
- Das Einkaufscontrolling muss entsprechend erweitert werden um Chancen- und Risikomanagement. (3)

Der Einkauf steht immer im Spannungsfeld zwischen kurzfristigen Kostensenkungs- und längerfristig orientierten Wertsteigerungsprogrammen. So führen kurzfristig erzielte Preisreduzierungen in der Regel zu erschwertem Zugang zu Innovationen und können zu Qualitäts- und Lieferproblemen führen. Einsparungen müssen von wertorientierten Erfolgsgrößen abgelöst werden, sodass sich der Einkaufserfolg als Zielerreichungsgrad aus Kosten-, Qualitäts-, Zeit- und Innovationszielen ergibt. Diese Zielmatrix ist aus den Unternehmenszielen abzuleiten. So kann der

Einkauf langfristig erheblichen Einfluss auf den Unternehmenswert ausüben und eine Wertsteigerung über sämtliche Wertschöpfungsstufen generieren. (3)

Wertorientiertes Pojektmanagement

Auch im Rahmen von Projektmanagement sollte der Projektleiter über eine ständige Übersicht über Kosten, Termine und Qualität verfügen. Um den wertmäßigen Beitrag eines Projekts zu überwachen, hat sich für größere Projekte in den letzten Jahren die Earned Value Methode (EVM) als gutes Werkzeug erwiesen.

Das Projektcontrolling soll während der gesamten Projektlaufzeit die Performance optimieren. So muss dann schon zu Beginn die wertschöpfungsorientierte Gestaltung von Projekten angestoßen werden und während der Realisierung dann über Lenkungsmechanismen wertschöpfungsorientiert ausgerichtet werden. Nach dem Projekt ist dann eine wertmäßige Evaluation möglich, die mittels Lerneffekten die Performance weiterer Projekte erhöhen kann. Mit der EVM sind alle Beteiligten ständig mit einer Ergebnisorientierung konfrontiert. Leistung, Zeit und Kosten können simultan überwacht werden, sodass der komplexe Wertbeitrag aus allen Komponenten, also nicht nur Termine und Kosten sondern auch Leistung überprüft wird. (5)

Eine streng wertorientierte Führung sieht in Stabsstellen keinen Sinn

Seit Jahren schon ist das Thema Wertemanagement ein wichtiger Bestandteil in Publikationen, die sich mit Fragen der Unternehmenssteuerung und führung beschäftigen. Verschiedene Kennziffern wie CFROI (Cash Flow Return on Investment) oder EVA (Economic Value Added) werden in diesem Zusammenhang genannt. Wie sehen aber die Wertbeiträge von Stabsstellen wie der Internen Revision oder dem Controlling aus? (6)
Den Gründern der großen deutschen Unternehmen stand nicht die Steigerung des Unternehmenswertes und die damit verbundene bedingungslose Konzentration aller Geschäftsaktivitäten auf die kurzfristige Erwirtschaftung von hoher Rendite für die Kapitalmärkte im Fokus ihrer Geschäftsethik. (6)
Der schon Anfang der siebziger Jahre aufkommende Shareholder Value-Gedanke stieß bei Investmentbankern als auch Managern auf großes Interesse, welche die schnellen und gezielten

Wertzuwächse für den Kapitalmarkt und damit auch das Unternehmenswachstum in den Vordergrund schoben. (6)
Inzwischen hat diese Euphorie aber Ernüchterung Platz gemacht, da das wertorientierte Paradigma im Mittelpunkt der Geschäftstätigkeit nicht unbedingt zu erfolgreicheren Unternehmen führt. Die kurzfristige Orientierung führt nicht unbedingt zu einer langfristigen Wertsteigerung des Unternehmens. Die Kopplung der Vorstands-Tantiemen an die aktuellen Unternehmensgewinne versperrt eine langfristige Sichtweise. (6)
Das Problem von Funktionen wie der Internen Revision, die die Kultur eines Unternehmens beeinflussen können. wie auch den Führungsstil eines Mitarbeiters, können nicht unmittelbar in monetären Wertbeiträgen gemessen werden. Daher stehen diese Funktionen im Rahmen der Budgetvergabe häufig vor dem Problem, ihren Wertbeitrag zu instrumentalisieren. Budgets werden über die Bereiche so aufgeteilt, dass ein über das ganze Unternehmen verteilter Mitteleinsatz höchste Effizienz verspricht. Ist der Wertbeitrag nicht messbar bzw. gibt es in der Unternehmensführung kein Verständnis für den Wert einer Internen Revision kann dieses langfristig gar zu einer langfristigen Wertvernichtung führen. (6)
Aufgaben einer Internen Revision sind orientiert an systematischer Überprüfung der

Unternehmensprozesse, dem Risikomanagement und der Steuerung der Corporate Governance, um so insgesamt die Effektivität und Effizienz des Unternehmens zu erhöhen. (6)

Fallbeispiele

In vielen Unternehmen mit Konzernstrukturen gibt es über die einzelnen Unternehmensbereiche hinweg eine über lange Jahre hinweg gewachsene Heterogenität der unternehmerischen Steuerungsgrößen und instrumente. Die Forderung nach Transparenz und Vergleichbarkeit bedingt eine Harmonisierung. Dieses wird um so wichtiger, desto mehr die Unternehmen sich entscheiden, von einem bilanzbezogenen Berichtswesen ausgehend jetzt einen Konzernbericht zu entwickeln, der auch Impulse für die Unternehmenssteuerung erfasst sowie mögliche Gegensteuerungsmaßnahmen ableiten lässt. Dieses ist machbar mit der Integration einer Balanced Scorecard, die die einzelnen Perspektiven (Finanzen; Kunden/Markt; Prozess; Mitarbeiter) abbildet und die jeweiligen Werttreiber identifiziert und ihren jeweiligen Status und die Entwicklung darstellen. (2) Dabei sind die Treibergrößen, die die

Unternehmensziele direkt beeinflussen die Haupttreiber und müssen in sämtlichen BSC-Cockpits des Unternehmens auftauchen. Sie sind nämlich die Hauptansatzpunkte für entsprechende Steuerungsimpulse und werden dann gemäß der BSC-Logik in die einzelnen Dimensionen kategorisiert. Das verhindert ein Ungleichgewicht z. B. zu Gunsten der finanziellen Perspektive wie es bis vor kurzem in vielen Unternehmen noch der Fall war. Außerdem sind die zur Sicherstellung einer erfolgreichen Geschäftsentwicklung notwendigen Parameter immer im Blickfeld. (2)

Weiterführende Literatur

(1) Financial Supply Management Blick in die Kassen schulen – Erfolge sichtbar machen
aus BA Beschaffung aktuell, Heft 4, 2007, S. 26

(2) Hin zur geschäftsorientierten Konzernsteuerung
aus Versicherungswirtschaft, 15.2.2007, 62.Jg., Nr. 04, S. 278

(3) Wertschöpfung im Einkauf Value Sourcing – den Beitrag des Einkaufs zum Unternehmenserfolg sichern
aus Zeitschrift für wirtschaftlichen Fabrikbetrieb, Heft 1-2/2007, S. 46-47

(4) Hofmann, Niko / Sasse, Alexander / Hauser,

Markus / Baltzer, Björn, Investitions-, Finanz- und Working Capital Management als Stellhebel zur Steigerung der Kapitaleffizienz, Controlling, Heft 3, März 2007, S. 153 163
aus Zeitschrift für wirtschaftlichen Fabrikbetrieb, Heft 1-2/2007, S. 46-47

(5) Becker, Wolfgang / Daniel, Klaus / Hofmann, Matthias, Performance-orientiertes Projektcontrolling, Controlling, Heft 3, März 2007, S. 165 174
aus Zeitschrift für wirtschaftlichen Fabrikbetrieb, Heft 1-2/2007, S. 46-47

(6) Buderath, Hubertus / Langer, Andreas, eine kritische Perspektive zur wertorientierten Steuerung von Unternehmensbereichen am Beispiel der Internen Revision, Controlling, Heft 3, März 2007, S. 129 - 135
aus Zeitschrift für wirtschaftlichen Fabrikbetrieb, Heft 1-2/2007, S. 46-47

Impressum

Shareholder Value - Mit operationalisierbaren Vorgaben für die Erreichung der wertorientierten Unternehmensziele

Bibliografische Information der deutschen Nationalbibliothek

Die Deutsche Nationalbibliothek verzeichnet diese Publikation in der deutschen Nationalbibliografie; detaillierte bibliografische Daten sind im Internet über http://dnb.d-nb.de abrufbar.

ISBN: 978-3-7379-0045-4

© 2015 GBI-Genios Deutsche Wirtschaftsdatenbank GmbH, Freischützstraße 96, 81927 München, www.genios.de

Alle Rechte vorbehalten. Dieses Werk ist einschließlich aller seiner Teile – z.B. Texte, Tabellen und Grafiken - urheberrechtlich geschützt. Jede Verwertung außerhalb der Grenzen des Urheberrechtsgesetzes bedarf der vorherigen

Zustimmung des Verlags. Dies gilt insbesondere auch für auszugsweise Nachdrucke, fotomechanische Vervielfältigungen (Fotokopie/Mikroskopie), Übersetzungen, Auswertungen durch Datenbanken oder ähnliche Einrichtungen und die Einspeicherung und Verarbeitung in elektronischen Systemen.